나도 모르게 핀 꽃

미네르바 시선 079

# 나도 모르게 핀 꽃

김명희 시집

미네르바

■ **시인의 말**

겨울이 지나간 후
나이는 부풀고
시간은 야위었다

2024년 봄
김명희

■ 차례

## 1부

| | |
|---|---|
| 소소한 이야기 | 19 |
| 마음 다친 저녁 | 20 |
| 술래가 되어 | 21 |
| 폭풍주의보 | 22 |
| 오후의 그늘 | 23 |
| 흑백사진 | 24 |
| 안개비 | 25 |
| 침묵이 나를 덮는다 | 26 |
| 잠을 놓치다 | 27 |
| 바이러스 | 28 |
| 나도 모르게 핀 꽃 | 29 |
| 그림자가 춥다 | 30 |
| 피노누아 주머니(배액관) | 32 |
| 두꺼운 어둠 | 33 |
| 마음을 만진다 | 34 |
| 겨울 단편 | 35 |

## 2부

물음표로부터                  39
꽃씨 하나                     40
그 꽃은 아픔이 되어           41
깊은 그늘                     42
갇혀 버린 봄날               43
향기 없는 꽃                44
침묵을 괴다                 45
소 식                       46
홀로 슬픈                   47
눈 깊이 내리는 날           48
지움을 위한 드로잉          49
마음을 자르고              50
날개는 돋지 않는다         52
모자를 쓴다                 53
시간을 걷다                 54
물음표 한 봉지               55
안구건조증                   56
그물에 갇혀                57

## 3부

| | |
|---|---|
| 꽃가게에서 | 61 |
| 비 향기 | 62 |
| 뭉크를 만나다 | 63 |
| 봄 편지 | 64 |
| 철갑 캡슐을 타고 | 65 |
| 꽃처럼 | 66 |
| 길 위에서 | 67 |
| 11월의 슈바빙 | 68 |
| 저녁 바람에 | 70 |
| 가을 하나 | 71 |
| 무채색 | 72 |
| 서랍 속에 넣어둔 기억 | 73 |
| 뭉근한 온도 | 75 |
| 증명사진 | 76 |
| 풍경 1 | 77 |
| 2월의 늦은 밤에 | 78 |
| 그림은 | 80 |
| 작은 발자국 | 81 |
| 안부 | 82 |

## 4부

| | |
|---|---|
| 때로는 | 87 |
| 그날은 짧았다 | 88 |
| 그 봄날의 기억 | 90 |
| 봄나물 | 91 |
| 헛헛한 마음 | 92 |
| 무우꽃 | 93 |
| 외출 | 94 |
| 하늘 냄새 | 96 |
| 마음의 키 | 97 |
| 풍경 2 | 98 |
| 새 한 마리 | 99 |
| 바람꽃 | 100 |
| 정지된 시간 _ 그리고 | 102 |
| 연필소리 | 103 |
| 2월의 튤립 | 104 |
| 작은 시선으로 | 105 |
| 엽서 | 106 |
| 에필로그 | 107 |

■ 해설 | 비장미悲壯美로 보여주는 순결한 자존의 언어  111
 _ 김미연(문학평론가. 진주교대 강사)

1부

## 소소한 이야기

그렁그렁 고인 침묵 속으로
자박자박 걸어 들어온
빗소리

연필 사각거리는 소리

세상은 비에 젖고

나는
몸속에 갇힌
마음을 풀어놓는다

## 마음 다친 저녁

한없이
지치고 허기질 때

헐렁해진 신발을 신고
그 찻집에 간다

내 긴 이야기를
조용히 들어주는

나를 만나기 위해

## 술래가 되어

눈을 가린 안대를 벗어도
보이지 않았다

언제부터 숨어 있었을까
부풀어 오른 꽃을 발견한
순간
불안이 툭 치고 지나갔다

둔한 눈꺼풀을 씀벅거리며
바르르 떨리는 손으로
물그림을 그렸다

## 폭풍주의보

한 번도
부딪친 적 없는
세찬 바람이 분다

불빛 하나 보이지 않는다

비상등 하나 없이
발을 내딛지만
더 나가지 못한 채
깊은 어둠 속에 주저앉는다

언제 해제될지 모르는
폭풍주의보 앞에
무너져 내린다

## 오후의 그늘

익숙한 나의 시간을 버리고
낯선 시간 속으로
느리게 걷는 오후

뭉텅뭉텅 빠져버린
머리카락 사이로
생각은
스·타·카·토·로 끊기고

창을 넘어온
마른바람 소리는
라흐마니노프* 속에 흘러넘친다

* 러시아의 대표적인 피아니스트이며 작곡가.

## 흑백사진

가을 한가운데 10월
붉은 가을 소식 대신
손가락 사이로 빠져나간
머리카락 한 움큼 줍는다

박제처럼 웅크린 채
하루하루
조금씩 희미해지는
나를 바라본다

부르튼 입술보다
더 부르튼 마음
텅 빈 몸속을 채우는
불안, 분노, 슬픔…

시간을 되감고 싶은
사진 속 모습마저 흐릿하다
나의 시간은 지나가고 있다

## 안개비

눈 대신 비가 내리는
화요일 오후

차마
읽고 싶지 않은 기록이 담긴
삶의 진단서 위로

차디찬
겨울 안개비가 내린다

# 침묵이 나를 덮는다

마른 가슴에
수액을 맞으며
생수 한 모금으로
입술을 적시고
실핏줄 환히 드러나는
멍투성이 손목을 문지른다

어둠을 덮으면
병동의 긴 복도를 오가는
불안한 발자국 소리
불쑥
나를 찾아온
낯선 상처의 통증
등은 습지처럼 축축하고
액체의 서늘함에
한기를 느끼며
지친 마음을 모로 누인다

침묵이 나를 덮는다

# 잠을 놓치다

늘 덧든 잠은

불안과 분노를 무성하게 키우고

여과되지 않은 원색의 소리들

그 덤불 속에서

밤새 뒤척이다

놓쳐버린 잠

## 바이러스

빈혈의 가슴에
수혈액이 퍼지는 사이
무성하게 피고 지는 걱정들

생각의 바이러스를 줄이는
주사는 없을까

## 나도 모르게 핀 꽃


봄인 줄 알고
겨드랑이에 꽃이 피었다

나도 모르게 핀 꽃

어디서
꽃씨가 떨어졌을까
왜 거기에
뿌리를 내렸을까
이런저런 이유가 많았겠지

매미의 시간을 지나고
풀벌레 소리를 지나
매운바람 부는 날
떨어진 꽃봉오리
뚝
뚝
진액이 흘러내린다

## 그림자가 춥다

차가운 혈관에
또 다른 액체를
주사하는 동안

붉고 붉은 해는
아침을 깨우고

밤새
통증으로
움츠러든 어깨와
오그린 발목을 펴고
낯선 병실 벽에 기대앉아
유리창 밖을 바라본다

두꺼운 그늘에
가느다랗게 그어진
빗금처럼
빛이 떨어진다
〈

굵은 주삿바늘을
달고 있는
가슴 위로 떨어진 빛

그림자가 춥다

## 피노누아 주머니(배액관*)

가랑눈이 다녀간 오후
선홍빛으로 팽팽해진
피노누아 주머니를 비운다

가슴속 깊이 꽂힌
줄 하나

뒤척일 때마다
막히거나 빠질까 봐
안으로 말린 어깨

접힌 상처 펼쳐보듯
하루에도 몇 번씩
비우고 메모하고

37일째 되던 날
조금씩 멈춘 액체

꽃대 길이만큼
쏟아낸 걸까


* 상처가 난 공간 속에 있는 액체를 배출하기 위하여 넣는 관.

## 두꺼운 어둠


저물녘
유리창을 두드리는
앰블런스 비명소리에
저릿저릿, 따끔따끔 쓰린
상처의 깊디깊은 통증이
온몸으로 번진다

몇 겹의 거즈로
덮여있는 깊은 상처

좀처럼 익숙해지지 않는
무거운 통증

움츠린 몸속에서
소리 없는
신음을 흘린다

# 마음을 만진다

언제나
입원실 창가는
비어 있지 않다

반복되는 입원
익숙한 듯 낯선 병실
생소한 사람들

더러는 지나치지만
가끔은
힘없이 누워있는 마음에
다가오는 마음이 겹치면
소르르
가슴 아린 이야기를
풀어 놓는다

조금은
위안을 받고 싶은
마음을 만진다

## 겨울 단편

오후 1시 30분
자코메티*의 마르고 긴 조각들처럼
창안으로 들어온 겨울 햇살

서둘러 떠난 햇빛 대신
창틈을 기웃거리던 바람에
떨어지는 마른 꽃잎

허허로운 등줄기에
노을을 걸친
겨울산

* 스위스의 조각가, 화가.

2부

# 물음표로부터

- 무엇이 문제였을까?

## 꽃씨 하나

내 마른 가슴에 떨어진
꽃씨 하나

질긴 뿌리를 뽑는 동안
누군가에게 읽히는 상처
해석할 수 없는 암호문 같은
주사 주머니를 가슴에 달고
낯선 사람들 속에 불편한 시간들

불면의 밤을 건너는 사이
까맣게 타들어 가는
마른 꽃대궁

나로부터
점점 멀리 떠나온
시간들은 낯설고 불안하고
슬프다

# 그 꽃은 아픔이 되어

언제 피었는지
이름도 모르는 꽃은
내 안에서 아픔이 되고

그 아픔을 손에 쥔 채
울음소리를 숨기고
슬픔을 눌러 앉힌다

눈을 감은 채
말을 잃은 채
그 시간들을 견디며

나는 시들어 가고
가시처럼 파고드는
아픔을 삼킨다

## 깊은 그늘

순번 대기표를 뽑아 들고
햇살 소란한
봄날을 바라본다

온몸에서
수분이 빠져 버린 듯
바삭
마른 소리를 내며
휘청 흔들린다

부드러운 봄빛이
유리창 가득 번지는
봄날
병원 대기실
의자는 차갑다

## 갇혀 버린 봄날

햇살 한 줌 그리운 날

온기 없는 공기 때문인지

더 차갑게 느껴지는 병실

묶어둔 봄의 햇살에

손을 뻗고 싶다

## 향기 없는 꽃

가까스로
휘어진 꽃대를 세우고
거울 앞에 선다

낯선 거울
퀭한 눈을 감았다 뜬다
몇 가닥 남았던 머리카락은
이제 더 만져지지 않는다
여전히
거울이 낯설다

붉어지는 창 앞에서
두 손을 모아
후리지아향 비누로
얼굴을 씻어도
누렇게 뜬 꽃은
향기가 나지 않는다

## 침묵을 괴다

침묵을 괴고
쓸쓸하게 누워있는
봄날 저녁

속옷을 걷어내고
숨기고 싶은
낯선 상처를
바라본다

선명하게
그어진 밑줄
수심 깊은
마침표 하나

## 소 식

온종일

바람이 분다

소리 없이 핀

꽃들이 진다

말없음표만 가득한

편지를 쓴다

## 홀로 슬픈

찻물 끓이는 오후
브람스*의 「클라리넷 5중주」
볼륨을 올리고
또 다른 나와 마주 앉는다

아직 아물지 않은
깊은 상처의 씀벅씀벅한 통증

그 고통을 기억하는 흔적은
아린 가슴에 아픔으로 쌓이고

소리 없는 눈물처럼
슬픈 마음을 삼킨다


* 독일의 작곡가(1833~1897).

## 눈 깊이 내리는 날

깊고 깊게

눈이 내린다

바람도 하늘도

소리를 낮춘다

조금은

단순해지고 싶다

## 지움을 위한 드로잉


쏟아져 내리는 눈처럼
캔버스를 누비는 하얀 꽃들

무수히 많은 지움의 선들
그 위에 거칠고 단순하게
붓을 내리긋는다

아주 잠깐씩
낡고 병든 나를 잊는다

## 마음을 자르고

엘리베이터가 멈춘 6층
미용실 앞을 지나간다

몇몇 여자들이
둥그런 모발 가습기통 안에 앉아
여성 잡지를 보고 있는
미용실 풍경

몇 년 전까지
일 년에 두 번씩 갔던 미용실
얇고 힘이 없는 머리카락은
세 시간을 견디면
펑 터져 나오는 튀밥처럼
뽀글뽀글 풍성해진
머리카락으로 변신했던 모습이
아득하게 느껴지는
지금

머리카락 대신
마음을 자른다

## 날개는 돋지 않는다

저린 손 꾹꾹 눌러가며
나의 고백서 같은
글을 쓰는 동안

아리고 쓰린
부서진 손톱 밑
팔과 어깨의 통증에
기울어지는 하루

겨드랑이 사이로 빠진
머리카락은
조금씩 돌아나기 시작한다

가끔
겨드랑이가 가렵지만
아직
날개는 돋지 않는다

## 모자를 쓴다

조금씩 돋아난
얇고 힘이 없는 머리카락에
핀을 꽂는다

금세 흘러내린다

다시,
모자를 쓴다

# 시간을 걷다

봄이 온 줄 알고
나간 거리는
아직도
찬바람이 불고 있다

긴 머리칼 대신
스카프를 날리며
무르팍이 시려 오도록
걷고 또 걷는 동안

진득진득한 상처는
굳은살로 박히고

들쑥날쑥한 마음 탓인지
쪼르륵 얽힌 생각들

## 물음표 한 봉지

유기농 코너에서 산
콩나물 한 봉지

절망을 슬픔을
잘라내듯 씻어내듯
긴 뿌리를 잘라내고
희망만 골라 씻는다

희망 한 움큼 담은
냄비 속에서
질문과 답 사이를 오가며
다시 끓어오르는 물음

끊임없는 물음표만 가득한
저녁 식탁에
지친 해가 걸어 들어온다

## 안구건조증


건조한 이른 아침

눈물이 빠져나간 눈에
인공 눈물을 넣는다

잠시
무거워진 두 눈을 잠근다

소리 없이 흐르는 눈물
　　　　　　방
　　　　　　　울
　　　　　　방
　　　　　　　울

## 그물에 갇혀


저물도록 흐린 하늘에서
눈이 내린다

12월의 어둠이
내려앉는다

지치고 고단한 모습으로
상처의 흔적들을 껴안은 채

이 생각 저 생각으로
뒤척이는 밤

아직도
자유롭지 못한 나는

아침을 기다린다

3부

## 꽃가게에서

지금 마악

빨간 눈을 뜨는 장미

푸른 호흡이 멈추지 않도록

투명한 붕대를 감는다

## 비 향기

온종일
비가 내려도
우울은
씻겨 내려가지 않는다

비 향기에 젖어버린
마음만
눅눅할 뿐

## 뭉크*를 만나다

부슬부슬 가랑비 내리는
화요일 오전

예술의 전당으로
뭉크를 만나러 간다

병약하고 우울했던
그는
죽음과 이별을
하나로 느낀 것일까

불안과 우울,
죽음을
뭉개듯 그린 그림
그의 〈절규〉 앞에서
불안과 절망을 마주한다


* 노르웨이 출신의 표현주의 화가, 판화작가.

# 봄 편지

목련이 다 지도록
봄 편지는 오지 않는다

수없이 찌르는 가시에
가슴은 퍼렇고
눈 감았다 뜨는 사이
지나간 수많은 저녁

여전히
문밖을 서성이며
발신인이 누구인지 모르는
봄 편지를 기다린다

## 철갑 캡슐을 타고


세상에 비가 내린다

덜 마른 빨래처럼
축축한 공기

빗방울처럼 떨어지는
시간 속을 돌고 도는 순환선

몇 바퀴를 돌아야 할까

고달픈 어느 봄날
철갑 캡슐을 타고

## 꽃처럼

주춤거리던
봄비가 다녀간 뒤

노오란 빛을 끌어내리는
개나리

하얀 입술을 내민
목련

꽃처럼
아름다웠던 적이 있었던가

## 길 위에서


옹색한 자리 비집고
보도블록 사이에 핀
야생 민들레가
노랗게 웃는다

얼핏
스치듯 보면
시선이 닿지 않는 곳에
작고 가벼운 꽃씨가
꽃을 피우기까지
얼마나
흔들렸을까

잠시
마음이 머물러 서성이는

내 머리 위로
노을이 번진다

# 11월의 슈바빙*

가을의 뒷모습 11월
비처럼 내리는
낙엽을 보며

「바람에 불려
나뭇잎이 날릴 때
불안스러이 이리저리
가로수 길을
헤맬 것입니다」

릴케의 시 한 구절을
생각나게 하는
슈바빙의 낙엽길

어느 해 11월
재즈음과 안개비에 젖은
슈바빙 거리에서 느꼈던
자유로움을
다시 느껴 보고 싶은

늦가을 오후
가로수 길을 걷는다
깊은 가을 속을 걷는다


* 독일 뮌헨의 예술과 유행의 중심가.

## 저녁 바람에

계절을 앞질러 가는
저녁 바람에
나무들은 몸을 흔들고

기척도 없던
현관문이 덜컹거린다

꼭꼭 닫아건 덧문이
흔들린다

누가 온 걸까
휑한 문 밖

바람만 흔적도 없는
발자국을 찍는다

# 가을 하나

바슬바슬

부서질 것 같은

낙엽 속으로

낡고 희미해진

시간들을 보낸다

가을 하나를 지난다

# 무채색

마음 따라 들어온
햇살과 함께
느슨한 점심을 먹고

딸그락거리며
설거지를 하다
유리창 너머

단순한 흑백으로 서 있는
나무들을 바라본다

마음이 물끄럼해진다.

## 서랍 속에 넣어둔 기억


서랍 속 먼지를 털며
펼쳐 본 낡은 수첩

주소와 전화번호,
약속시간, 장소,
갖가지 메모들

낯선 글씨체에서
낯익은 모습을 떠올리기도 하고

아무것도 기록되지 않은
페이지를 넘기다
빛바랜 누런 종이만큼
오랜 흔적을 읽는다

「주문 같은 아랍어 소리에
잠이 깬 이른 새벽
히잡 대신 모자를 쓰고
신전에 간다

영화 〈인디아나 존스〉를
연상시키는 〈왕가의 계곡〉
죽음도
삶의 연속이라고 믿었던
그들의
내세로 떠나는 여행은 어떨까」

이집트 여행 중 쓴 글 몇 줄이
그 기억 속을 걷게 한다

# 뭉근한 온도

예고 없이 온
긴 겨울을
걷고 있는 시간

이런저런 생각으로
읽히지 않는
책은 덮어둔 채

흐린 하늘을 배경으로
쇼팽*의 「녹턴」을 듣는다

뭉근한
보리차 물을 마신다

* 피아노의 시인이라 불리는 폴란드의 작곡가, 피아니스트.

# 증명사진

가던 걸음 잠시 멈추고

저만치
통유리창에 비친

기우뚱해지고 거칠어진 모습 속에
웃고 있는 열여섯 소녀를 본다

빨간 신호등 아래
서 있는 나를 본다

# 풍경 1

바쁘고 화려한
도시 한 구석

아날로그적 기타 연주와
중얼거리듯 낮은 목소리에
잠시
발걸음을 멈춘다

고독, 슬픔, 연민을 연주하는 듯
가사는 희미해도
가슴에 와닿는 멜로디

우리가
지나치는 수많은 순간들

자막처럼 흔들리는
도시의 불빛은
따뜻한 듯 쓸쓸하다

## 2월의 늦은 밤에

가위에 눌려 식은땀을 흘리며
홀로 깨어있는 밤

라디오를 켠다
〈세상의 모든 음악〉
익숙한 라디오 진행자 음성

유리창 사이로
이른 꽃샘바람이 스며들고
상처만 달아준
가슴을 젖게 하는
슬픈 음표들

어설프게 살아온 건지

몸속에 검은 씨앗을 키우고
상처를 새긴 후
무채색으로 뭉개고 덧칠해도
가슴에 그렁거리는 울음

〈
어둠이 깊어질수록
온몸을 감싸 퍼지는 한기
어긋난 몸은
사소한 바람에도 아프다

# 그림은

마른 꽃,
나뭇가지,
열매,
과일,
병,
항아리에
리듬을 얹어
시간을 그려내는 일

내 삶의 처방전

## 작은 발자국


시간의 흔적과 감정의 떨림이 들어있는
　　　〈드로잉- 그 시간들〉
영감을 수신하듯 눈이 아닌 가슴으로 바라보며
　　　선을 긋는 적막한 서사 속에
모노드라마 같은 시간을 담고 있다

그 해 팔월
창 밖 가득 회화나무가 보이는 갤러리에서
두 번째 개인전
작가 노트에 썼던 글을 읽는 동안

위로가 되는
그 시간의 기억들

# 안부

지금쯤
파리에 있을 텐데라는
생각이 들 즈음
우산이 붐비는 거리에서
마주친 그녀

그동안 어디 있을까
문득문득 궁금했던
그녀의 안부

따뜻한
아메리카노 한잔으로
얼어붙은 입술을 풀고

마음까지 얼룩진
빗물 자국을
닦을 틈도 없이
거센 비안에 갇힌 그녀
〈

숨 가쁜 바람 속에서
오므렸던 우산을 펼 수 있을까

언제
다시 물을 수 있을까
그녀의 안부를

4부

## 때로는

특별할 것도

서두를 것도 없는

일상의 자잘한 일들

다 접어두고

느긋하고 여유로운

모습으로

호흡하고 싶다

## 그날은 짧았다

어느새
솜사탕처럼 부풀어 오른
자목련을 보면서

나에게
열아홉 살의 정서를 만나게 했던
〈시는 세상에 연애편지 쓰기〉
강의를 떠올린다

지금 나는
세상에 연애편지를 쓰고
있는 걸까

눈부신 바람이 불던
그날처럼
꽃구름이 바람에 흔들린다

봄꽃 향기에

어질병을 앓는지

혼곤하다

# 그 봄날의 기억

가끔
뒤돌아보면

함초롬한 몸짓과
쬐끄만 눈웃음으로
더 붉어지고
연 초록빛 설레임으로
마음의 색깔부터 바뀌던

그 봄날은

여행이 아닌
소풍 같은 날이었다

# 봄나물

쌉싸름한 듯 달큰한
냉이, 달래, 봄동을
조물조물 무치는 저녁

머뭇거리는 겨울 틈 사이로
기웃거리는 봄을
마음이 먼저 맛을 읽는다

## 헛헛한 마음

들꽃 대신

꽃 시장에서 사 온

산수유 두어 단

오지항아리 가득 꽂고

수런대는

꽃향기를 듣는다

## 무우꽃

시린 햇살을 얹어
옹기그릇에 담아 놓은
무우 자투리

푸른 잎 사이로
다투어 피듯 담뿍 핀
작고 여린 연보랏빛 무우꽃

소박한 아름다움이
저러한가

# 외출

나를 흔드는 봄바람에
입술을 조금 붉히고
꽃비 속을 걷는다

연분홍 꽃잎을 밟으며
들어선 작은 책방

마치
시간에 잊혀진
장소처럼 느껴진다

서가에 꽂혀 있는
책 한 권을 펼친다

누군가
한숨을 타고
쓴 글이 눈에 읽힌다
〈

모자에서 떨어진 연분홍 꽃잎
책갈피에 꽂힌다

# 하늘 냄새

아무도 없는 빈 집에
햇빛이 다녀간 자리마다
하늘 냄새가 난다

빨랫줄 가득 번지는
상큼한 냄새

필레아 페페, 아이비, 호야,
스킨다비스, 몬스테라,
뱅갈고무나무 잎마다
푸르고 싱싱한 하늘 냄새

햇살 한 움큼 복용하고
고단한 몸은
뽀드득 뽀드득
몇 번의 헹굼질을 한다

## 마음의 키

통의동 골목길에서
마주친 봉숭아꽃

고만고만한 어깨를 맞대고
머리를 맞대어 피던
채송화, 봉숭아
동화 속 세계와 작별한 날부터
꽃처럼 피어나던 호기심은
더 자라지 않고
뒤꿈치를 올려도 보이지 않는
되돌아갈 수 없는

내 마음의 키가 자랐던
그곳

아직도
동화책 갈피 사이에 살고 있는
주인공들과 재회하고 싶은
늦여름 오후

# 풍경 2

비가 오려는지
꾸무럭한 날

낯선 광고물을 배경으로
서 있는 사람들
서로 다른 얼굴과 생각을
굽어보는 사이
241번 버스가 온다

바람에
원피스 자락이 펴진다

한남대교를 지나갈 때쯤
비가 내린다
차창 밖 풍경이 흐려진다

## 새 한 마리

저물 무렵
작은 부엌 유리창 너머
찬비에 떨고 있는 새 한 마리

머뭇머뭇 주춤거리며
빗물에 젖어버린
날개 사이로
다리를 파묻는 새

어슴푸레 어룽거리는 빗방울
등 떠미는 바람에
파르르 날개를 떨며
힘겹게 퍼덕인다

작은 새 한 마리에
마음을 빼앗긴 저녁
울적하다

## 바람꽃

거센 바람 소리가
잦아드는 새벽녘

조용히 마음을 내려놓고
이름도 모르는 꽃이 남긴
아픔을 주워 담는다

셀 수 없는 아픔의 시간 속에서
수없이 가시에 찔리고 베인
가슴에 채워진 내 울음소리를

이제
바람소리에 묻혀 보낸다

한때는
해사한 향기를 풍기던
꽃이었음을 기억하며
〈

시들어 버린

나를 묶는다

# 정지된 시간 _ 그리고

예행연습도 없이
내 삶을 뒤흔든
그날 이후
고통스럽게 반복되었던
시간들

가시거리마저 보이지 않는
안갯속에서
얼마나 헤맸는지
흔들렸는지

몇 번이나 고통과 절망의
그물망을 뭉툭 자르고 싶었지만
번번이 상처만 남긴

지금도
지문처럼 남은
상처의 흔적을 볼 때마다
가슴이 먹먹하다

## 연필소리

어떤 나무였을까

연필마다
소리가 다르다

나는
글을 쓸 때
컴퓨터 보다
연필 사각거리는
소리를 들으며
쓰는 것을 좋아한다

검게 빛나는
굳은 심을 통해
하고 싶은 말들을
풀어놓는다

# 2월의 튤립

내가 가지고 있는
몇 개의 물감상자 속에
아직도
나를 떠나지 못하고
서성이는
꿈이 들어있다

오늘
가장 따뜻했던 날을
기억하는
주황색을 꺼낸다

따뜻한 꽃향기 가득한
2월의 튤립을 그린다

## 작은 시선으로

한적한
언덕길 한켠 작은 갤러리
비스듬히 햇살이 들어오는
2층 창 앞에 앉아
연필 사각거리는 소리를 들으며
온기 가득 담은 편지를 쓰고 싶었다
따뜻한 차 한 잔을 마시며
맺힌 마음 툭 풀리도록
그저 가만히
야트막한 산을 바라보고 싶었다

## 엽서

따뜻한 봄이 오면
소식 전하려고 했다

가끔은
네가 보고 싶었던 만큼
너의 안부는 반가웠다

「아드린느를 위한 발라드」를
연주하던 네 모습을 떠올리며
잘 지내느냐는
나즈막한 네 목소리를
듣는 듯하다

오랜 시간
따뜻한 봄날을 기다리며
수 없이 고쳐 쓴
잘 지낸다는 말
이제 적는다

# 에필로그

홀로 백지 앞에 마주 앉아
내 서투른 시들을 읽는 누군가에게
말을 걸듯, 그림을 그리듯,
때로는 일기를 쓰듯
70편 시들을 4부로 나누어 썼다.

몇 해 전 가혹 했던 여름
오른쪽 겨드랑이에 암이 발견되었다.
내 삶이 무너지는 소리에
여름이었는데도 몸이 얼음처럼
꽁꽁 얼어붙었다.

내가 아닌 나로 살아온 1년 1개월의 병원 생활
입원 중 썼던 메모들을 정리하면서
그 기억의 고통과 아픔으로 힘들었다.

내 몸이 부서지는 소리, 내 상처와 아픔의 울음,
영혼의 고통과 분노, 좌절
시에 썼듯이 「나도 모르게 핀 꽃」은

아픔이 되어 온몸을 흔들었다.

삶의 중심에서 밀려난 듯
폭풍 속으로 떠밀려 가는 동안
적막한 아픔을 누가 들을까
숨죽여 흐느끼며 오랜 날 입을 꼭 다물었다.

언제부터인가
어두운 가슴을 붙들고 흐릿해져 가는
내 모습을 조금씩 다듬어 갔다.
예기치 않은 거센 바람을
나는 불편한 꽃이라고 불렀다.
그 꽃이 남긴 아픔을 주워 담은 70편의 시들,

1부와 2부에서는
비상등 하나 없이 가혹한 여름을 거쳐
암담한 겨울로 이어지는 동안
온몸이 버석버석 갈라지는 듯한 아픔의 고통과 절망
힘든 입원생활에 대해 썼다.

〈

3부와 4부에서는
홀로 견뎌야 하는 슬픔 속에서
새겨진 상처를 열어보며 그 아픔을 주워 담고
나를 뒤돌아보는 지난 시간들을 추억하며
위로를 받기도 했다.
연약한 작은 꽃에서 느끼는 생명의 따뜻함은
온몸으로 흐느꼈던 내 등을 다정하게 토닥거려 주었다.

오랫동안 웅크려 있던 내 안에서 나와
거리로 나섰을 때,
아직 찬바람은 불지만 나를 기다리는
열정으로 가슴이 따뜻해진다.

저린 손 꾹꾹 눌러가며 쓴 내 어설픈 고백을
읽어준 누군가에게 감사함을 전한다.

■□ 해설

# 비장미悲壯美로 보여주는 순결한 자존의 언어

김미연

(문학평론가·진주교대 강사)

　시인이 병중의 생활을 내용으로 시를 쓸 경우 대체로 세 가지의 방법적 접근으로 이루어질 것이다. 첫째는 고통 자체를 그리는 '리얼리즘적' 접근이거나 둘째는 형이상적 '철학적 접근'이거나 셋째는 '종교적 접근'이거나 할 것이다. 김명희 시인은 병중에 있는 화자의 고통을 그리되 리얼리즘적 고통의 실제에 초점을 잡고 있다. 이렇게 쓰는 시인은 논리나 이데아나 구원으로서의 초자연적 세계관보다는 의학적 질병이 가지는 육체적 신고辛苦에 더 깊은 관심을 가지는 것과 다르지 않다.

캄캄한 고통을 백지 한 장에 쏟아놓기까지 숱한 어둠이 가슴을 관통했을 것이다. 아무도 깊이를 모르는 절망을 움켜쥐고 몇 번이나 나뒹굴었을까. 연극 같은 가혹한 현실에서 그녀는 초대받지 않은 주연이 되어 날마다 죽음의 무대에 올라야 했다. 투병 중에 눈물과 고통이 섞여 시는 태어났다. 어쩌면 분신 같은 시들이 더 그녀를 걱정했을지도 모르겠다. 하여 절반의 시편들은 악물고 절뚝거리며 "일어선 흔적"이다. 마취제가 되어준 시에 대한 사랑, 통증이 무뎌진 그 틈을 노려 시는 태어났다. 시 곳곳에 "통점"이 많은 것도 그 연유이다.

김명희 시인의 어투는 간결하고 담담하지만 꾸밈이 없고 진솔해서 감동을 주고 있다. 이 시집의 특장점은 아름다움 속에 숨겨둔 비장미에 있다. 언어의 절제가 빼어난 이 시집은 고백에 가깝지만 엄살을 부리지 않고 지나친 과장도 없어 많은 독자들에게 공감을 주기에 충분하다.

시인은 한때 교사를 지냈고, 그림에도 조예가 깊어 개인전을 열기도 했다. 시집으로 『때로는 궤도를 벗어나며』, 『그림 그리기』, 공저 『해바라기』 등이 있고 이번에 선보이는 『나도 모르게 핀 꽃』이 주목의 대상이다.

『나도 모르게 핀 꽃』에 실린 「에필로그」에 다음과 같은 대목이 보인다. "몇 해 전 가혹 했던 여름/ 오른쪽 겨드랑이에 암이 발견되었다./ 내 삶이 무너지는 소리에/ 여름이었는데도 몸이 얼음처럼/ 꽁꽁 얼어붙었다.// 내가 아닌 나로 살아온 1년 1개월의 병원 생활/ 입원 중 썼던 메모들을 정리하면서/ 그 기억의 고통과 아픔으로 힘들었다. … 1부와 2부에서는/ 비상등 하나 없이 가혹한 여름을 거쳐/ 암담한 겨울로 이어지는 동안/ 온몸이 버석버석 갈라지는 듯한 아픔의 고통과 절망/ 힘든 입원생활에 대해 썼다.

3부와 4부에서는/ 홀로 견뎌야 하는 슬픔 속에서/ 새겨진 상처를 열어보며 그 아픔을 주워 담고/ 나를 뒤돌아보는 지난 시간들을 추억하며/ 위로를 받기도 했다."고 밝혀 이번 시집이 병원 생활에 관한 고통이거나 뒤돌아보기의 회억에 관한 것임을 알 수가 있다.

### 1. 폭풍주의보와 낯선 시간

김명희 시집 제1부는 시집 가운데서 1년 1개월의 병원생활의 일지 가운데 전반부라 할 수 있을 것이다. 그중 서시에 해당하는 「소소한 이야기」를 보자.

그렁그렁 고인 침묵 속으로

자박자박 걸어 들어온

빗소리

연필 사각거리는 소리

세상은 비에 젖고

나는

몸속에 갇힌

마음을 풀어놓는다

— 「소소한 이야기」 전문

'그렁그렁 고인 침묵'은 눈물을 수반한 침묵, 곧 질병이라는 바탕 속으로 '자박자박 걸어 들어온 빗소리'(질병의 신음)는 시작되었다. '연필 사각거리는 소리'(화자가 적어가는 시는 몸이 닳고 있는 소리 비유)가 비에 젖는다. 나는 '몸속에 갇힌 마음'(질병에 관한 이야기)을 풀어놓을까 한다. 좀 매끄럽지 못한 설명이 되었지만 소소한 이야기란 "나도 모르는 사이 침범해 온 몸 닳아 고통에 이르는 이야기를 하려 한다"는 의미가 될 것이다.

그러므로 「폭풍주의보」가 발령된다는 것이다.

한 번도
부딪친 적 없는
세찬 바람이 분다

불빛 하나 보이지 않는다

비상등 하나 없이
발을 내딛지만
더 나가지 못한 채
깊은 어둠 속에 주저앉는다

언제 해제될지 모르는
폭풍주의보 앞에
무너져 내린다

– 「폭풍주의보」 전문

화자는 한 번도 부딪친 적 없는 세찬 바람, 곧 악성종양이라는 병 앞에서 불빛 꺼진 암흑에 빠져들었다. 인간이 살면서 만나는 최악의 손님이 예고 없이 찾아왔다. 비상등 하나 없이 허우적거리며 나락의 길 앞에 서게 되어 한 발도 내딛지 못하고 깊은 어둠에 주저앉게 된다. 기약할 수 없는 폭풍주의보에 절망과 좌절의 늪으로 무너지고 폭풍이 화자의 몸뚱이를 치고 들어왔다. 어찌할까, 이 치명적인 병고 앞에 풍전등화 마냥 목숨이 깜박거린다. 암초 만난 배처럼 허우적대며 주저앉고 무너져 내리는 것이다.

이제 병실의 숫자를 호명하고 이미 나포된 배처럼 정박 아닌 붙들림의 세상에 편입된 것이다.

언제부터 숨어 있었을까
부풀어 오른 꽃을 발견한
순간
불안이 툭 치고 지나갔다

―「술래가 되어」부분

익숙한 나의 시간을 버리고
낯선 시간 속으로
느리게 걷는 오후

뭉텅뭉텅 빠져버린
머리카락 사이로

생각은

스·타·카·토·로 끊기고

  －「오후의 그늘」 부분


박제처럼 웅크린 채

하루하루

조금씩 희미해지는

나를 바라본다


부르튼 입술보다

더 부르튼 마음

텅 빈 몸속을 채우는

불안, 분노, 슬픔…

  －「흑백사진」 부분


빈혈의 가슴에

수혈액이 퍼지는 사이

무성하게 피고 지는 걱정들


생각의 바이러스를 줄이는

주사는 없을까

― 「바이러스」 전문

    김명희 시인에게 암울한 병실일지가 한 장 한 장 쌓이고 쌓인다. 부풀어 오른 환부에 꽃을 발견하고, 불안이 툭 치고 가고, 낯선 시간 속으로 뭉텅뭉텅 머리카락이 잡히고, 박제처럼 웅크리고, 부르튼 입술보다 더 부르튼 마음, 빈혈의 가슴에 수혈액이 퍼지고, 무성하게 피고 지는 생각들, 생각의 바이러스를 줄이는 주사를 생각하는 시간들이 빼곡히 일지를 채운다. 이 바이러스처럼 번져가는 걱정을 줄일 순 없을까. 시인은 생각마저 삭제해버리고 싶은 심정이다.

    봄인 줄 알고
    겨드랑이에 꽃이 피었다

    나도 모르게 핀 꽃

    어디서
    꽃씨가 떨어졌을까
    왜 거기에
    뿌리를 내렸을까
    이런저런 이유가 많았겠지

〈
매미의 시간을 지나고

풀벌레 소리를 지나

매운바람 부는 날

떨어진 꽃봉오리

뚝

뚝

진액이 흘러내린다.

-「나도 모르게 핀 꽃」 전문

  시집 제목이기도 한 이 작품은 겨드랑이에 핀 꽃에 대해 불안한 눈으로 바라본다. 악성종양은 일찍 알아내기가 힘들다. 그래서 화자는 "나도 모르게 핀 꽃"이라 하고 "왜 거기에/ 뿌리를 내렸을까/ 이런저런 이유가 많았겠지"하고 다독거린다. 이럴 경우 항암치료나 방사선 치료에 빠른 효과를 기대할 수가 없게 된다. 화자는 그 어느 쯤에서 "나도 모르게 핀 꽃"을 알아낸 것일까? 악성 종양은 꽃이 아니다. 그런데 왜 시인은 꽃으로 보았을까. 무언가 뿌리를 내린, 그래서 점점 자라나는 종양은 식물성의 성질을 지니고 있다. 대부분의 꽃씨들은 봄에 움을 틔운다. 그런데 이 화자가 종양을 만난 계절은 봄이 아니다. 사람의 몸에 자라는 병의 뿌리는 계절을 가라지 않고 번식한다. 몸의 양분을 빨아먹고 몸을 숙주 삼아 종양은 자라난다.

매미는 여름을 상징한다. 그 시간을 지나 풀벌레 우는 가을을 지나 매운바람이 부는 겨울이 되니 종양의 정체가 드러나고 뚝뚝 피가 흘러내린다. 병과 사람이 서로 힘을 겨루는 치열한 대결이다.

김명희 시인은 아픈 현실을 시적 비유인 꽃으로 표현했다. 운명적인 병세에 대해 시적 은유로 자연을 끌어와 고통을 토로하고 있다. 그는 언어적 비유나 이미지를 통한 리얼리즘적 접근으로 아픔을 승화시키고 철학적 사유로 시를 만들어낸다.

### 2 고통의 내면화와 그늘의 이미지

시집 제2부는 병실일지의 후반부에 속한다. 여기 속한 작품들은 아픔이 밖으로 드러나기보다는 비교적 안으로 내면화하는 시기의 작품들이다.

죽을 만큼 아파보지 않고서야 이토록 절절한 고백이 나올 수 없을 것이다. 고통을 받아도 "살아 있으라"는 신의 명령은 언제까지 유효한 것일까. 개별적인 고통은 자신의 몫

이어서 누구도 대신할 수 없다. 고통 받을 육체를 가졌다는 것은 아직 살아 있다는 증거인 셈이다.

  대기표를 들고 순번을 기다리는 것은 얼마나 가슴이 타들어 가는 시간인가. 생동감이 넘치는 창밖의 봄날은 햇살마저 소란하다. '물이 오르는 봄'과 '온몸에서 수분이 빠져나가는' 소리로 생명의 소중함을 대비시켜 극과 극을 보여준다. 시인의 몸에는 깊은 그늘이 늘어가는 중이다.

    순번 대기표를 뽑아 들고
    햇살 소란한
    봄날을 바라본다

    온몸에서
    수분이 빠져 버린 듯
    바삭
    마른 소리를 내며
    휘청 흔들린다

    부드러운 봄빛이
    유리창 가득 번지는
    봄날

병원 대기실

의자는 차갑다

– 「깊은 그늘」 전문

  병원 진료를 받기 위해서는 마스크를 쓰고 원무과 앞에서 병원에서 발부하는 순번 대기표를 받는 것이 순서다. 이어서 해당 진료과 앞에 가서 해당 시간에 맞춰 진료 순번대로 기다리면 보호자 핸드폰에 몇 번인지 서열이 찍힌다. 환자나 보호자는 이 수속에 따라 대기실에서 기다리다가 지인 환자나 보호자를 만나면 간단히 서로의 진료 사정으로 안부를 전한다. 이때가 생의 마지막인 때가 더러 있다. 그 다음 달 진료 대기 때 그 지인이 보이지 않을 때가 있는데, 병원은 그런 곳이고 그렇게 이별하기도 하는 참 매정한 곳이기도 하다. 여담에 속하지만 이런 경우 환자는 생의 생사를 실감하며 병환 상황이 더욱 까칠해지기도 하는 것이다. "온몸에서/ 수분이 빠져 버린 듯/바삭/ 마른 소리를 내며/ 휘청 흔들린다" 몸에 습기가 빠져 나가고 "병원 대기실/ 의자는 차갑다" 과연 이 육신이 지녔던 순환과 기관과 기관 사이의 유기적 흐름은 오늘 어느 정도 안전한가. 병원 복도와 진료 교수실에도 그늘이 져 있다.

엘리베이터가 멈춘 6층

미용실 앞을 지나간다

몇몇 여자들이

둥그런 모발 가습기통 안에 앉아

여성 잡지를 보고 있는

미용실 풍경

몇 년 전까지

일 년에 두 번씩 갔던 미용실

얇고 힘이 없는 머리카락은

세 시간을 견디면

펑 터져 나오는 튀밥처럼

뽀글뽀글 풍성해진

머리카락으로 변신했던 모습이

아득하게 느껴지는

지금

머리카락 대신

마음을 자른다

— 「마음을 자르고」 전문

인용시는 엘리베이터가 멈춘 6층/ 미용실 앞을 지나가면서 예전에 머리카락이 뽀글뽀글 풍성해진 머리카락으로 변신했던 모습을 떠올리고 있다. 그 일은 아득한 과거의 일이었다. 머리카락이 없는 지금은 어쩔 수 없이 "머리카락 대신 마음을 자른다"고 말한다. 마음을 자른다는 것은 희망이 없음을 뜻하는 체념이다. 머리카락은 여성성을 나타낸다. 그러나 그 여성성마저 포기한다는 것이니 얼마나 가혹한 일인가. 빠져버린 머리카락, 거울을 볼 때마다 찾아오는 낯선 절망감에 얼마나 오열을 했을 것인가. 주위의 시선에 외출마저 자유롭지 않았을 것이다. 그나마 모자라는 대체물이 있어 잠시의 위로를 받는다. 조금씩 돋아난 얇고 힘없는 머리카락은 남아있는 희망이다. 그 약간의 희망에 핀을 꽂아도 금세 흘러내릴 때 마음은 무너져 내린다. 그렇다고 소중한 생을 포기할 수는 없을 것이다.

    조금씩 돋아난
    얇고 힘이 없는 머리카락에
    핀을 꽂는다

    금세 흘러내린다
    〈

다시,

모자를 쓴다

— 「모자를 쓴다」 전문

  항암치료 부작용으로 머리카락이 빠지게 된다. 사람에 따라 항암치료 후유증에 시달린다. 머리카락은 여성성을 상징한다. 머리카락이 없다는 것은 심리적으로 적잖은 위축감을 준다. 이럴 경우 마음의 치료도 같이 수반되어야 한다. 머리핀이 흘러내릴 때 자존심도 함께 무너져 내린다. 그 절망감을 위로해 준 것은 곧 모자였다. 적응도 투약 완급도 각자 증세에 따라 다르다. 시인은 한동안 외출을 꺼리고 외부와 단절하였다. 처음으로 자신의 치부를 가려주는 모자의 유용성에 놀라며 차차 외부와 적응해 나간다. 모자는 자존심까지 챙겨주었다. 늦게 발견한 예의 '꽃'은 1기 2기 3기라는 이름으로 환자의 건강도에 따라 심각한 영향과 분별 미지의 구렁텅이로 밀고 갈 수 있다. 다 접고 '모자를 쓴다'는 행위는 자신의 고통을 감추고 다시 살아보겠다는 의지일 것이다.

## 4. 절규와 자기 소묘素描, 그리고 위안

시집 「에필로그」에서는 3부와 4부에서 "홀로 견뎌야 하는 슬픔 속에서/ 새겨진 상처를 열어보며 그 아픔을 주워 담고/ 나를 뒤돌아보는 지난 시간들을 추억하며/위로를 받기도 했다."고 하여 3, 4부의 성격이 병상 뒤돌아보기임을 알게 한다.

> 부슬부슬 가랑비 내리는
> 화요일 오전
>
> 예술의 전당으로
> 뭉크\*를 만나러 간다
>
> 병약하고 우울했던
> 그는
> 죽음과 이별을
> 하나로 느낀 것일까
>
> 불안과 우울,
> 죽음을

뭉개듯 그린 그림

그의 〈절규〉 앞에서

불안과 절망을 마주한다

\* 노르웨이 출신의 표현주의 화가. 판화작가

— 「뭉크를 만나다」 전문

  시인은 가랑비 내리는 화요일 오전에 예술의 전당으로 가서 뭉크전을 관람했다. 시인은 불안과 우울, 죽음을 그린 뭉크의 「절규」 앞에서 불안과 절망을 마주했다는 것이 서술된 시다. 뭉크는 실제 삶에서 죽음과 불안에 떨었지만 그림 그릴 때의 상황을 그는 밝히고 있다.

  "나는 두 친구와 함께 길을 걷고 있었다. 그런데 하늘이 핏빛으로 물들었고 나는 갑자기 걷잡을 수 없는 슬픔에 빠졌다. 나는 멈춰 서서 난간에 기댔다. 너무나 피곤했기 때문이다. 암청색 피오르드와 도시 위로 피가 불길처럼 날름거리고 있었다. 친구들은 계속해 길을 갔고 나는 두려움에 떨며 홀로 뒤처졌다. 나는 대자연으로부터 엄청난 절규가 끝없이 흘러나오는 소리를 들었다." 뭉크는 심각한 불안증세를 보이는 우울증 환자이다. 이 증세와 하늘의 현상에 예술가 특

유의 상상력이 보태어져 작품 「절규」가 나온 것이었다.

  시인은 암병동 병실에서 불안, 죽음, 절망을 체험하고 나온 터여서 노르웨이 작가의 이동 전시에서 절규에 가까운 자기 절규를 체감했을 것이다. 상황은 또 다른 상황을 만나 화자의 쓰라린 상황에 위안을 받을 수 있었을 것이다.

    어떤 나무였을까

    연필마다
    소리가 다르다

    나는
    글을 쓸 때
    컴퓨터 보다
    연필 사각거리는
    소리를 들으며
    쓰는 것을 좋아한다

    검게 빛나는
    굳은 심을 통해
    하고 싶은 말들을

풀어놓는다

　　　　　　　　　　　　　　－「연필소리」 전문

　인용시 「연필소리」는 종이에 드러내는 자기 목소리이다. "컴퓨터 보다/ 연필 사각거리는/ 소리를 들으며 쓰는 것을 좋아한다"는 말은 연필이 하는 말을 들을 수가 있기 때문일 것이다. 사물에도 목소리가 있다. 그 사물을 통해 시인은 자신의 이야기를 쓰고 마음을 그려내는 것이다. 또한 연필은 언제든 쉽게 지울 수가 있다. 수정을 통해 새로운 생각으로 덧입힐 수가 있다. 연필도 소리가 다르기에 시인의 시도 각각의 목소리를 낸다.

　병원에 가서 부딪치는 자기 육신의 실존, 진료실에서 설명되는 악성종양의 활동은 하늘이 뒤집히는 청천벽력이다. 사각사각 사각거리는 연필심으로 자신을 섬세히 소묘하며 위로를 받고 있다. 그 리듬은 존재의 현실감이다. 손에 잡혀 화자의 의도로 움직이는 연필, 그것은 자기 본질의 나아감이다. 존재의 나아감은 확실히 순간 위안이거나 자기 운동의 법칙이다. 사각사각 소리는 깎이면서 소모되는 소리이지만 종이에는 또 다른 세계가 구현되고 있는 것이다.

### 5. 언어 절제 속에 드러난 비장미悲壯美

　김명희 시인의 시집 『나도 모르게 핀 꽃』의 제4부 뒷부분에 「엽서」라는 시가 나온다. 설명할 것 없이 이 시는 시인이 하고 싶은 시집의 결론의 말로 읽힌다.

　　　따뜻한 봄이 오면
　　　소식 전하려고 했다

　　　가끔은
　　　네가 보고 싶었던 만큼
　　　너의 안부는 반가웠다

　　　「아드린느를 위한 발라드」를
　　　연주하던 네 모습을 떠올리며
　　　잘 지내느냐는
　　　나즈막한 네 목소리를
　　　듣는 듯하다

　　　오랜 시간
　　　따뜻한 봄날을 기다리며

수 없이 고쳐 쓴

잘 지낸다는 말

이제 적는다

— 「엽서」 전문

　마지막 연에서 "수 없이 고쳐 쓴/ 잘 지낸다는 말" 이제 적는다고 한다. 수 없이 고쳤다는 말은 진실이 담기지 않은 말이다. 자신보다 남을 배려한 말이기에 가슴이 저리는 말이다. 결국, 잘 있지 못한다는 말이다. "오랜 시간/ 따뜻한 봄날을 기다리며"에서 알 수 있듯이 시인에게 아직 봄은 도착하지 않았다는 뜻이다. 오지 않은 봄을 미리 껴안으며 따뜻한 봄기운을 전해주려는 배려가 '고쳐 쓴'에서 묻어난다. 하지만 "이제 적는다"는 것은 그 쓸쓸한 자리에서 벗어났다는 것이다. 엽서 한 장으로 보여주는 안부 한 줌이 이토록 가슴 아프다.

　김명희 시인의 어투는 담담하지만 꾸밈이 없고 진솔해서 감동을 주고 있다. 이 시집의 특장점은 아름다움 속에 숨겨둔 비장미이다. 이것을 발견해 낼 때 시는 확장되고 깊이가 생긴다.
　요즘 시들은 난해하고 화려한 자기 수식에 치우쳐 독자

를 외면하는 경우가 많지만 김명희 시인의 시집 「나도 모르게 핀 꽃」은 간결한 언어로 시적인 품위를 높이고 독자와 교감하고 있다. 시종 자신의 힘든 감정에 함몰되지 않고 유유히 갈 길을 가고 있다. 이것이 바로 진정한 시인의 자세일 것이다.

미네르바 시선 079

나도 모르게 핀 꽃

**초판 1쇄 발행** 2024년 5월 30일

지 은 이  김명희
펴 낸 이  한춘희
펴 낸 곳  지성의 상상 미네르바
등록번호  제300-2017-91호
등록일자  2017. 6. 29.
주    소  03131 서울특별시 종로구 율곡로 6길 36, 월드오피스텔 802호
전    화  02-745-4530
전자우편  minerva21@hanmail.net

ISBN 979-11-89298-66-1 (03810)

값 12,000원

\* 이 책은 전부 또는 일부 내용을 재사용하려면 반드시 저작권자와 미네르바의 동의를 받아야 합니다.
\* 이 도서의 국립중앙도서관 출판시도서목록은 서지정보유통지원시스템 홈페이지 (http://seoji.nl.go.kr)와 국가자료공동목록시스템(http://www.nl.go.kr/kolisnet)에서 이용하실 수 있습니다.